BEI GRIN MACHT SICH IHR WISSEN BEZAHLT

- Wir veröffentlichen Ihre Hausarbeit, Bachelor- und Masterarbeit

- Ihr eigenes eBook und Buch - weltweit in allen wichtigen Shops

- Verdienen Sie an jedem Verkauf

Jetzt bei www.GRIN.com hochladen und kostenlos publizieren

Michael A. Braun

Der deutsche Gasmarkt im Umbruch

GRIN Verlag

Bibliografische Information der Deutschen Nationalbibliothek:

Die Deutsche Bibliothek verzeichnet diese Publikation in der Deutschen National-
bibliografie; detaillierte bibliografische Daten sind im Internet über http://dnb.d-
nb.de/ abrufbar.

Impressum:

Copyright © 2002 GRIN Verlag GmbH
Druck und Bindung: Books on Demand GmbH, Norderstedt Germany
ISBN: 978-3-640-18431-6

Dieses Buch bei GRIN:

http://www.grin.com/de/e-book/40198/der-deutsche-gasmarkt-im-umbruch

Schriftliche Ausarbeitung

Hamburger Universität für Wirtschaft und Politik, Hamburg

Der deutsche Gasmarkt im Umbruch

Kurs Markttheorie – Sommersemester 2002

Michael A. Braun

Inhaltsverzeichnis

1.   Basisüberlegungen und Ziel der schriftlichen Ausarbeitung

Der Erdgasmarkt in Deutschland befindet sich im Umbruch. Dies ist nicht nur das Thema sowie die Überschrift meiner schriftlichen Ausarbeitung, es ist zugleich auch ein Teil deren Fazit. Durch Recherche in verschiedenen Tageszeitungen und Fachpublikationen kommt man zu eben diesem Ergebnis. Leider sind, bedingt durch die Aktualität das Themas, noch keine passenden Bücher vorhanden.

Der deutsche Erdgasmarkt galt zwar lange Zeit als Oligopolmarkt. Dies war durch seine Struktur, ich komme später noch darauf, bedingt. Nun setzt jedoch, auf Druck der EU, eine Liberalisierungsbewegung ein. Und besonders in Anbetracht des angekündigten Ausstiegs Deutschlands aus der Kernkraft bekommt Erdgas als Energiequelle eine immer stärkere Bedeutung. In dieser Ausarbeitung stelle ich den Prozess und Gründe für die Veränderungen dar. Ebenfalls gehe ich auf den Vorwurf der Pseudo-Liberalisierung ein. Ergänzend dazu findet sich am Ende der schriftlichen Ausarbeitung eine kurze Zusammenfassung sowie ein Fazit. Um die schriftliche Ausarbeitung noch besser verstehen zu können, empfehle ich zusätzlich, einen Blick in die im Anhang befindliche Präsentation. Hier sind sowohl Grafiken, als auch auf das vermeintlich Wesentliche beschränkte Folien zu finden.

Die schriftliche Ausarbeitung basiert auf der Literaturrecherche und Vorbereitung zu einem Referat. Dieses habe ich am 02. Juli 2002 im Kurs "Markttheorie" an der Hamburger Universität für Wirtschaft und Politik gehalten. Die dabei verwendeten Präsentationsunterlagen sind angehängt. Aufgabe des Referats war es, einzelne, wichtige Aspekte des Themas klar und verständlich darzustellen. In der Ausarbeitung hingegen vertiefe ich und versuche umfassender zu beschreiben. Dennoch kann eine schriftliche Ausarbeitung zu einem Referat nicht umfangreich sein. Außerdem gebe ich zu bedenken, dass ich jüngste Entwicklungen seit dem Referat nicht berücksichtigt habe. Dies war allerdings auch nicht gefordert.

Als Ziel habe ich mir gesetzt, die aktuelle Diskussion und die Lösungsansätze der beteiligten Parteien möglichst klar und verständlich darzustellen. Diese schriftliche Ausarbeitung enthält jedoch keine eigenen Ideen. Dies wäre allerdings, angesichts eines solch komplexen Themas, wohl auch vermessen.

2.   Hauptteil

Am 29. April 1998 trat das neue Energiewirtschaftsgesetz in Kraft. Deutschland setzte damit, als einziges europäisches Land, auf Selbstregulierung und freiwillige Vereinbarungen der beteiligten Verbände. Die anderen Länder zogen es sowohl im Strom-, als auch im Erdgasmarkt vor, eine Regulierungsbehörde einzurichten. Auf letztgenanntem ist der freie Wettbewerb um Endkunden jedoch noch weit entfernt. Der Bundeswirtschaftsminister hatte zwischenzeitlich sogar gedroht, nun doch eine Regulierungsbehörde einzurichten. Dies wurde aber durch die sog. Verbändevereinbarung Gas II (VV Gas II) 'in letzter Minute' verhindert. Auf europäischer Ebene muss sich Deutschland dennoch nicht verstecken. Im Unterschied zu den meisten anderen EU-Mitgliedsstaaten ist der Erdgasmarkt hierzulande, zumindest rechtlich, vollständig für den Wettbewerb geöffnet.

Im folgenden gehe ich auf den Prozess und die Notwendigkeit zur Öffnung des Erdgasmarktes in Deutschland ein. Dazu habe ich den Hauptteil zweigeteilt. Zu Beginn stelle ich das Produkt und den Markt allgemein vor. Im Anschluss daran versuche ich die aktuelle Diskussion und Lösungsansätze dafür zu vermitteln.

2.1.   Charakteristika des Marktes

2.1.1.   Informationen zum Produkt Erdgas[1]

Erdgas zeigt als Rohstoff in vielerlei Hinsicht Ähnlichkeit mit Rohöl. Andererseits ist es jedoch grundverschieden. So wird Erdgas, es handelt sich um ein Gemisch aus Methan, Stickstoff, einigen Kohlenwasserstoffen und Helium, hauptsächlich als Lieferant von Wärme genutzt. Verwendung findet sich jedoch auch zum Kochen, als Treibstoff für Fahrzeuge und in der Stromerzeugung. Zum Einsatz kommt das Erdgas sowohl in Haushalten als auch in Industrie und Gewerbe.

Erdgas kann durch hohen Druck sowohl aus Kohle, als auch aus Erdöl entstehen. Dabei sind in einer Tiefe von 2.000 bis 4.000 Metern Temperaturen zwischen 65 und 120 Grad Celsius notwendig. Um das Entweichen an die Erdoberfläche zu verhindern, ist es notwendig, dass sich über der Gaslagerstätte eine dichte Gesteinsschicht befindet.

---

[1] Allgemeine Quelle: o.V.: Erdgas: Was ist das und wo kommt es her?, in: Homepage der Industrie- und Handelskammer Würzburg, in: www.wuerzburg.ihk.de/druckdokumente/energie/gasmarkt/fragenundantworten/

Wie bei den anderen fossilen Rohstoffen sind auch die Reserven für Erdgas begrenzt. So verschieben sich die Prognosen der Verfügbarkeit von Erdgas durch neu entdeckte Lagerstätten zwar von Zeit zu Zeit nach hinten. Dennoch geht man heute davon aus, dass die gewinnbaren Ressourcen bei gleichbleibendem Weltverbrauch nur noch rund 65 Jahre reichen. Dieser Zeitraum kann durch heute noch nicht wirtschaftlich erschließbare Lager sowie durch neue Technologien[2] und höhere Wirkungsgrade auf rund 170 Jahre verlängert werden.

Auch in Deutschland, zumeist in Norddeutschland, befinden sich Gaslagerstätten. Diese sind im Vergleich zum weltweiten Lagerbestand jedoch verschwindend gering. Darin begründet sich auch die starke Importabhängigkeit des heimischen Erdgasmarktes. Momentan stammen zwei Drittel des deutschen Verbrauchs aus Westeuropa und ein Drittel aus Russland.[3] Um die Ware vom Produzenten zum Konsumenten zu bringen, erfolgt der Transport über das europäische Verbundsystem. Dieses steht in Verbindung mit den großen Ferngasleitungen und den nationalen Netzen. Allerdings sind unterschiedliche Gassorten und –qualitäten der Grund dafür, dass dieses Gut nur schwer mischbar ist.

Dennoch, der Energieträger Erdgas, in Deutschland die Nummer zwei nach Öl,[4] zeichnet sich durch seine vergleichsweise umweltschonende Energiebilanz aus. So gelangt es im Unterschied zu anderen Energieträgern mit relativ wenig Energieaufwand zum Konsumenten. Außerdem bieten dessen chemisch-physikalische Eigenschaften in Verbindung mit einer modernen Brenntechnik eine gute Möglichkeit zur schadstoffarmen Verbrennung. Hierzu gibt es allerdings gerade in jüngster Zeit auch einige gegenteilige Medienberichte. Diese sind jedoch bisher noch nicht stichhaltig nachgewiesen.

2.1.2.   Woher kommt die Ölpreisbindung?[5]

Im Laufe der sechziger Jahre wurde Erdgas in Deutschland als neuer Energielieferant eingeführt. Da es sich dabei um ein Substitutivgut von Heizöl handelt, musste man dem gegenüber wettbewerbsfähig bleiben. Allerdings war dies, mit Blick auf eine angestrebte Amortisationszeit von zehn Jahren für

---

[2] Dies sind z.B. Flözgas und Erdgashydrat, eine schneeförmige Verbindung aus Erdgas und Wasser.
[3] Russland 37%, Niederlande 26%, Deutschland 21%, Norwegen 14%, Dänemark 2%
[4] o.V.: Gasbranche öffnet sich dem Wettbewerb, in: Financial Times Deutschland, vom 28.04.2002 - Allerdings: der Energie-Informationsdienst spricht nur von der 'dritten Kraft' nach Kohle und Öl. Quelle: o.V.: Deutsche Gaswirtschaft – Das Ende der Freiheit?, in: Energie-Informationsdienst, vom 22.04.2002
[5] Allgemeine Quelle: o.V.: Woher kommt die Ölpreisbindung des Gases?, in: Homepage der Industrie- und Handelskammer Würzburg, in: www.wuerzburg.ihk.de/druckdokumente/energie/gasmarkt/fragenundantworten/

getätigte Investitionen, nicht möglich. Da Erdgas gegenüber Heizöl jedoch einige Vorteile bietet, wurde eine Koppelung an den Heizölpreis beschlossen. D.h., der Endverbraucherpreis ist nahezu unabhängig von der realen Preisentwicklung des Erdgases auf dem Weltmarkt. Zusätzlich wurden, um Kunden zu binden, langfristige (mit Großabnehmern teilweise bis zu 20 oder 30 Jahre) Lieferverträge geschlossen. Heute erweist sich dieses Vorgehen für die Gaswirtschaft als Segen. Steigen die Rohölpreise, dann steigt auch der Erdgaspreis - in einem zeitlichen Abstand von ca. einem halben Jahr. Da der Preismechanismus jedoch nur in eine Richtung funktioniert, fallen die Preise bei niedrigeren Rohölpreisen höchstens ein wenig. Und weil sich die Investitionen in das Erdgasnetz längst amortisiert haben, lassen sich steigende Preise als zusätzliche Einnahme verbuchen. Für Erdgasnutzer ist dies jedoch kein Grund zum Wechsel. Eigene hohe Investitionen in die Infrastruktur und die klaren Vorteile von Erdgas verhindern diesen.

Allerdings wird mittlerweile versucht, Wettbewerb nicht nur über den Preis zu betreiben. So bieten die Anbieter auch auf diesem Markt Produktinnovationen, kundenfreundlichen Service und mehr Markttransparenz. In Großbritannien z.B. hat eine Aufhebung der Ölpreisbindung zu einer rund 20%ig Preisreduktion bei Erdgas geführt. In Deutschland scheint ein solches Vorgehen momentan jedoch nicht möglich. So wird immer wieder auf bestehende langfristige Liefervereinbarungen verwiesen. Und Forderungen von Politikern, diese Verträge aufzuheben, werden mit dem Hinweis auf ordnungsgemäß geschlossene zivilrechtliche Vereinbarungen, zu Recht abgelehnt.

Es bleibt jedoch festzuhalten, dass Erdgas- und Strommarkt im Grunde nichts miteinander zu tun haben. So sind die Produzenten sehr unterschiedlich (Saudi-Arabien, Iran, V.A.E. und Kuwait gegenüber Russland), die Netzstruktur ist anders und auch in der Gewinnung, im Transport und in der Veredelung als Grundlage der weiteren Verarbeitung unterscheiden sich diese beiden Rohstoffe. Vom derzeit hohen Ölpreis profitieren deshalb insbesondere die Produzenten von Erdgas sowie Ferngas-Unternehmen - wenn sie selbst auch produzieren. Transporteure und Vertriebsgesellschaften hingegen verlieren u.U. sogar einen Teil ihres Umsatzes durch eine höhere Neigung der Endverbraucher zur Energieeinsparung.

2.1.3.   Vergleich zwischen Strom- und Erdgasmarkt[6]

Um der Diskussion um eine Liberalisierung des Gasmarktes in Deutschland besser folgen zu können, halte ich es für notwendig, eine Abgrenzung zum seit 1998 liberalisierten Strommarkt zu treffen. Auf diesen Märkten herrschen völlig verschiedene Marktverhältnisse. Und die Durchleitung in Gasnetzen ist technisch ungleich komplizierter und aufwändiger als bei elektrischer Energie.

Auf dem deutschen Markt für Strom gibt es bisher nur wenig Wettbewerb. So sind zwar die gesetzlichen Rahmenbedingungen geschaffen, die Wechselwilligkeit der Verbraucher ist jedoch nicht ausgeprägt. In vielen Köpfen steckt offenbar noch die traditionelle Ansicht des Gebietsmonopols der Energieversorgungsunternehmen (EVU). Hinzu kommt dass dem Produkt elektrische Energie kein direkter Wettbewerber gegenüber steht. Strom ist also als Angebotsenergie nahezu konkurrenzlos. Des weiteren ist der Markt durch hohe, für Preiskämpfe nutzbare Überkapazitäten[7] sowie wenige Speichermöglichkeiten (Pumpspeicherkraftwerke) für das Endprodukt gekennzeichnet. Auch ist die Stromproduktion nicht so stark an einzelne Standorte gebunden. Ein Kraftwerk kann, jeweils passend zu den lokalen Gegebenheiten, nahezu überall erreichtet werden. Außerdem sind Energiemenge und Spannung einfach messbar. Die einheitlich definierte Qualität des Gutes kann insofern bei allen Anbietern gleich angenommen werden und setzt keine jeweils unterschiedlichen technischen Anlagen voraus. Für die Verteilung innerhalb der Stromnetze sorgt ein zentrales, internationales Lastmanagement. Hier werden Lastspitzen, bei Strom meist nur wenige Minuten, sofort erkannt und durch die über 600 europäischen Kraftwerke schnell behoben.

Ganz anders dagegen der Gasmarkt. Auf diesem gab es bisher keinen direkten, auf den Endkunden bezogenen Wettbewerb. Es fand eine Einspeisung in die Netze von Stadtwerken, wie beim Strom auch, statt. Dennoch stand dem Gut Erdgas stets ein Substitutivgut, das Heizöl, gegenüber. Zwischen diesen beiden herrschte bereits seit Einführung von Erdgas als Energielieferant in Deutschland ein lebhafter Substitutionswettbewerb. Auch gab es keine Überkapazitäten, da stets nur die nachgefragte Menge Erdgas verkauft und dann geliefert wird. Das Speicherproblem ist somit zumindest für den Produzenten gelöst. Wobei die

---

[6] Allgemeine Quelle: o.V.: Was sind die Unterschiede zwischen Strom- und Gasmarkt?, in: Homepage der Industrie- und Handelskammer Würzburg, in: www.wuerzburg.ihk.de/druckdokumente/energie/gasmarkt/fragenundantworten/
[7] Inländisch zwar regulierbar, dennoch sind französische Kernenergie und schwedische Wasserkraft "immer" vorhanden.

Produktion sehr stark regional gebunden ist. Dies verursacht wiederum oft Schwierigkeiten in der Gewinnung des Rohstoffs, z.B. wenn sich dieser in Sibirien unter ewigem Eis befindet. Durch die Größe der Lagerstätten und der damit verbundenen Explorationskosten ist der Markt, zumindest in der Herstellung, natürlich durch wenige Anbieter dominiert und somit von ihnen abhängig. Auf dem heimischen Markt sind dies die drei Förderländer Russland, die Niederlande und Deutschland. Da Deutschland selbst nur wenig fördert, ist das Land auf den Import des Rohstoffes angewiesen. Allerdings bedeuten wenige Anbieter nicht automatisch eine nahezu identische Qualität. Bei Erdgas handelt es sich um ein heterogenes "Naturprodukt" dessen Beschaffenheit von Bohrloch zu Bohrloch unterschiedlich ist. Aus diesem Grund gibt es Hunderte verschiedener Erdgassorten und -gemische. Und für jedes zur Verbrennung von Erdgas verwendete Gerät gibt es einen optimalen Betriebspunkt.

Verlässt die Beschaffenheit einer Erdgassorte bzw. eines -gemischs das vorgegebene Toleranzband[8], so verschlechtert sich automatisch der Wirkungsgrad des Geräts. Als weiterer Punkt ist zu erwähnen, dass die Netzstruktur im Vergleich zu Stromnetzen unterschiedlich ist. Beim Ergas gibt es wenige große internationale und nationale Netze. Diese sind nur selten miteinander vermascht. Lediglich auf der Ebene der lokalen Endverteilung gibt es eine erwähnenswerte Vermaschung. Stromnetze hingegen sind über alle Spannungsstufen hinweg gut miteinander verwoben. Weitere Unterschiede sind die Bindung des Erdgaspreises an den von Rohöl (s.o.) sowie der Umstand, dass Lastspitzen bei Erdgas meist über mehrere Tage anhalten.

2.2.   Aktuelle Diskussion

Die Diskussion in Deutschland ist momentan von mehreren Bereichen des Themas geprägt. So drängt die EU (1) auf eine Öffnung der Erdgasmärkte in Europa. Des weiteren gilt es (2) die sogenannte Binnenmarktrichtlinie Erdgas von 1998 und (3) die VV Gas II umzusetzen. Dabei ist jedoch zu berücksichtigen, dass die Bundesregierung (4) die Vereinbarung mit der Novellierung des Energiewirtschaftsgesetzes (EnWG) bereits "verrechtlicht" hat. In der Folge geht

---

[8] Erlaubte Brennwertabweichungen in Deutschland 2%, in Italien 5% und in Großbritannien 6%. Quelle: o.V.: Was sollte man zur Durchleitung von Gas wissen?, in: Homepage der IHK Würzburg –www.wuerzburg.ihk.de/druckdokumente/energie/

das Bundeskartellamt (5) von starken Strukturveränderungen zu Gunsten von mehr Wettbewerb – auch um private Endkunden – aus. Doch was bedeutet dies?

2.2.1. Diskussion in der EU – Allgemein

Bereits im Januar 2001 kündigten die EU-Energiekommissarin sowie der Bundeswirtschaftsminister während einer Tagung in Berlin an, dass bis "spätestens 2005" die europäischen Märkte für Strom und Erdgas vollständig für den Wettbewerb geöffnet sein sollen.[9] Grund dafür ist, dass die Gasmärkte momentan noch überwiegend durch Staatsmonopole oder monopolähnliche Strukturen geprägt sind. Insbesondere die Trennung von Produktion und Netz, das sogenannte Unbundling, soll effizienter gestaltet werden. Bei dieser Gelegenheit sprach sich der Bundeswirtschaftsminister erneut für einen diskriminierungsfreien Netzzugang aus. Dieser Appell wurde im März 2002 auf der Tagung der Staats- und Regierungschefs von allen Staaten einhellig erneuert.[10] Allerdings: Deutschland ist das einzige Land in Europa, welches mit einem frei verhandelten Netzzugang arbeitet. Alle anderen 14 Staaten haben eine, aus Brüssel nicht zwingend vorgeschriebene, Regulierungsbehörde eingerichtet. Bedingt durch die vertikale Integration, die sich bei den deutschen Energieversorgern historisch gebildet hat, besteht jedoch die Gefahr, dass neue Anbieter gegenüber "Altanbietern" Wettbewerbsnachteile haben. Dies kann durch Interessenkonflikte und Quersubventionen sehr wohl der Fall sein.

Deshalb wird nicht nur gefordert, den Markt zu öffnen. Man spricht gleichzeitig auch von einer durchzuführenden Entflechtung bzw. Trennung (Unbundling) der Buchführung und einem vertraulichen Umgang mit wettbewerbsrelevanten Daten. Insbesondere sollen sich Gesellschaften vertikal nicht mehr unterstützen dürfen.

Zwar wird das rechtliche Unbundling bei den beiden großen Energieversorgern RWE AG und E.ON AG bereits ansatzweise praktiziert, die Erfahrung zeigt jedoch, dass trotzdem Interessenkonflikte entstehen.[11] Aus diesem Grund fordert die EU-Kommission eine völlige Trennung der Bereiche Erzeugung, Netz und Vertrieb. Dies bedeutet, jeder Teilbereich muss auf lange Sicht eigene unternehmerische

---

[9] Schneider, E. / Schürmann, H.-J.: Schon 2005 vollständige Liberalisierung von Strom und Gas in Europa, in: Handelsblatt, vom 17.01.2001, Nr. 12, S. 6
[10] Pritzsche, K. / Klauer, S.: Eine Chance für alle – Netzzugang und Unbundling auf den europäischen Energiemärkten, in: Frankfurter Allgemeine Zeitung, vom 28.05.2002, Nr. 121, S. B4
[11] Pritzsche, K. / Klauer, S.: Eine Chance für alle – Netzzugang und Unbundling auf den europäischen Energiemärkten, in: Frankfurter Allgemeine Zeitung, vom 28.05.2002, Nr. 121, S. B4

Interessen entwickeln. Ob das in der BRD jedoch, mit Blick auf grundgesetzlich garantierte Eigentumsgarantien, durchsetzbar ist, bleibt abzuwarten.

Sinnvoll erscheint dieses Vorgehen jedoch auch aus einem anderen Grund. So könnten Investoren, und die meisten großen europäischen EVU sind an der Börse notierte Aktiengesellschaften, eine Trennung fordern. Der Bereich Erzeugung erfordert hohe Investitionskosten und ist mit langen Projektlaufzeiten verbunden. Außerdem stellt der zunehmende Wettbewerb zwischen den verschiedenen Energiequellen ein zusätzliches Risikopotential dar. Das Netzgeschäft, zu Beginn ebenfalls kapitalintensiv, ist jedoch ein relativ sicheres, natürliches Monopol. Im Vertrieb hingegen muss vergleichsweise nur wenig investiert werden. Lediglich der Aufbau einer Marke und deren Pflege sind notwendig. Durch eine Trennung sind auch Investoren entsprechend eigener Präferenzen besser in der Lage, anhand der unterschiedlichen Kompetenz- und Risikoprofile optimaler zu investieren.

2.2.2.   Diskussion in Deutschland - Verbändevereinbarung

Der deutsche Erdgasmarkt ist rechtlich zwar zu 100% geöffnet. Es fällt den Gasversorgern allerdings angesichts von vier Verteilebenen[12] nicht gerade leicht, ihr Quasi-Monopol aufzugeben. Diese Vierstufigkeit kann sehr gut zur Begründung relativ hoher Endverbraucherpreise genutzt werden. Hinzu kommt, dass in Deutschland noch die beschriebene Ölpreisbindung gilt. Außerdem wird die Abhängigkeit vom Erdgasimport und damit notwendig verbundene große Kontraktvolumen als Grund für die Beibehaltung der aktuellen Marktstruktur genannt. Diese wird aktuell u.a. auch durch die Übernahme kommunaler Versorgungsstrukturen weiter gefestigt. So setzen gerade die großen nationalen EVU darauf, Stadtwerke mit ihrem direkten Zugang zum Kunden, zu kaufen. Der Chef des Bundeskartellamts sieht dem jedoch gelassen gegenüber. Er erwartet, auch im Zuge der VV Gas II, 'eine starke Marktstrukturveränderung'.[13] Der Chef der Monopolkommission hingegen sieht eine 'dramatische Marktverengung durch die Unternehmenskonzentration'. Da die beiden Konzerne RWE AG und E.ON AG derzeit massiv den Ausbau ihres Beteiligungsnetzes vorantreiben, 'ist mit einem sehr stabilen Duopol zu rechnen'.[14]

---

[12] Vierstufige Verteilerstruktur: Produktion bzw. Exploration und Import, kontinentaler Ferngas-Transport, nationale Regionalverteilung (quasi Großhändler), Ortsgasversorgung (mit Zugang zum Endkunden, z.B. Stadtwerke)
[13] o.V.: Prodi droht mit Zwangsliberalisierung bei Strom und Gas, in: Handelsblatt, vom 17.01.2002, Nr. 12, S. 3
[14] Gassmann, M.: Hellwig plädiert für Regulierer bei Strom- und Gasnetz, in: Financial Times Dtl., vom 10.06.2002, Nr. 109, S. 11

Was sind die Gründe dafür? Im Jahr 1998 wurde die Binnenmarktrichtlinie Erdgas der Europaeischen Union verabschiedet. Ziel war es, die Erdgasmärkte schrittweise zu öffnen.[15] Dabei ging Deutschland jedoch, anstelle staatlicher Regulierung, den Sonderweg freiwilliger Selbstregulierung. Im Zuge dessen haben sich die Spitzenverbände "Bundesverband der deutschen Gas- und Wasserwirtschaft" (BGW), der "Bundesverband der deutschen Industrie" (BDI), der "Verband der industriellen Energie- und Kraftwirtschaft" (VIK) sowie der "Verband kommunaler Unternehmen" (VKU) auf die VV Gas I verständigt. Ergänzend dazu verabschiedete das Bundeskabinett Ende 2000 einen Entwurf zur Neuregelung des Energiewirtschaftsrechts.

Am 03. Mai 2002 wurde dann die VV Gas II unterzeichnet. Diese tritt am 01. Oktober 2002 in Kraft und läuft bis zum 30. September 2003. Es handelt sich dabei um eine, später näher beschriebene, Neufassung der VV Gas I. Allerdings kam es erst im zweiten Anlauf zur Unterzeichnung der Vereinbarung. Dennoch zeigte sich der Bundeswirtschaftsminister zufrieden, 'da sonst der Weg des verhandelbaren Netzzugangs auf dem Spiel gestanden hätte.' Er geht nun davon aus, dass ein vereinfachter Netzzugang und transparentere Kalkulationen einen effektiveren Wettbewerb auf dem deutschen Erdgasmarkt ermöglichen. Um die VV Gas II doch noch, und dann auch noch möglichst schnell, zu verabschieden, hatte er im Vorfeld angeboten, die selbstentwickelte Vereinbarung sofort ins neue Energiewirtschaftsgesetz einfließen zu lassen. Besonders einige Gasversorger versprachen sich hiervon Vorteile i.S. von Rechtssicherheit. Der Entwurf sollte jedoch bereits Ende April 2002 verabschiedet werden. Dagegen hatte sich jedoch insbesondere das Bundeskartellamt gewehrt. Man sah die Gefahr, dass sich EVU so der Kontrolle der kartellrechtlichen Aufsicht entziehen. Offenbar blieb dieser Einwand ungehört. Die "Verrechtlichung" wurde trotz Verzögerung durchgeführt.

Die VV Gas II weist nun folgende, früher bereits genannte, Kernpunkte auf: Zum einen ist sie (1) die Weiterentwicklung der VV Gas I. Des weiteren ist sie (2) Ausdruck des deutschen Sonderwegs – freiwillige Selbstregulierung in der Gaswirtschaft. Außerdem ist sie mit (3) einer Laufzeit vom 01. Oktober bis zum 30. September 2002 ausgestattet und deren Inhalt ist bereits, zumindest als Gesetzentwurf, (4) in nationales Recht übergegangen. Folgendes kann noch zum

---

[15] Die Öffnung sollte zu 20% ab 2000, zu 28% ab 2003 und zu 33% ab 2008 des Gesamtgasverbrauchs eines Mitgliedsstaats p.a. vollzogen werden. Quelle: Wettbewerb bei Gas, in: Bundesministerium für Wirtschaft und Technologie, Pressemitteilung 03.05.2002

Inhalt gesagt werden: Die VV Gas II führt (5) ein zweistufiges System von Gebühren für die Erdgasdurchleitung ein. Zusätzlich werden (6) die überregionale und die regionale Ferngasstufe zu einer Zone zusammengefasst.

Die Vereinbarung vereinfacht vor allem für Industriebetriebe und Gashändler die Nutzung des Netzes. Die entstehenden Entgelte werden im Fernbereich nach einem, an internationalen Maßstäben orientierten und jährlich überprüften, Punkt-Zahl-Modell berechnet.[16, 17] Dazu erhält jeder Netzanschnitt, abhängig von seiner Länge, seinem Durchmesser und seiner Transportkapazität eine Anzahl Punkte.

Diese werden dann addiert und mit der transportierten Menge Erdgas sowie entsprechend den jeweiligen Tageszeiten (Haupt- und Nebenzeit) zum endgültigen Preis für die Durchleitung multipliziert. Innerhalb von Städten und Gemeinden wird der Transport hingegen nach einem ebenfalls vereinbarten Pauschaltarif abgerechnet. Man spricht hier von der sog. Kommunalbriefmarke.

Auf Druck der Industrie werden Unternehmen mit einer Abnahmemenge von mehr als 20 Mio. KWh p.a. davon jedoch ausgenommen. Sie bezahlen auch innerhalb dieses Bereichs nach dem günstigeren Punkt-Zahl-Modell. Hier bemängelt der VKU jedoch, dass kommunale Netzanbieter so aufgrund der geringen Entfernungen nicht auf ihre Kosten kommen. Allerdings handelt es sich bei der Grenze schon um einen Kompromiss. Die Industrie hatte zu Gesprächsbeginn gefordert, die Grenze bei 5 Mio. KWh festzulegen. Der VKU, er vertritt rund 1.000 Stadtwerke und kommunale Versorger, setzte sich jedoch für 100 Mio. KWh ein.[18] Außerdem wurde vereinbart, dass es zukünftig nur noch zwei statt bisher drei Erdgasleitungssysteme[19] geben wird. Dann werden die überregionale und die regionale Ferngasstufe zusammengeführt und es gibt nur noch eine Fernstufe.

2.2.3.   Ausblicke & Strategien

Trotz der VV Gas II und der theoretischen, seit Anfang des Jahres 2002 bestehenden Möglichkeit, seinen Erdgasanbieter frei zu wählen, kann bisher nicht von einem Erfolg gesprochen werden. In der Gaswirtschaft wird davon

---

[16] o.V.: Neue Regeln erleichtern Zugang zu fremden Gasleitungen, in: Frankfurter Allgemeine Ztg., vom 04.05.2002, Nr. 103, S. 14
[17] Das neue Entgeltsystem setzt sich auch einer Entfernungs- und einer Servicekomponente zusammen. Quelle: o.V.: Was sollte man zur Durchleitung von Gas wissen?, in: Homepage der IHK Würzburg – www.wuerzburg.ihk.de/druckdokumente/energie/
[18] Marschall, B. / Gassmann, M. / Kramer, W.: Vereinbarung für Gas erhält Gesetzesrang – Wirtschaft unterzeichnet heute 80-Seiten-Vertrag, in: Financial Times Deutschland, vom 03.05.2002, Nr. 85, S. 15
[19] Bisher: Ferngas -Stufe, Regional-Verteilung und Ortsgas-Versorgung - Quelle: Struktur des deutschen Gasmarktes 2000, in: Energie-Informationsdienst, vom 22.04.2002, Nr. 17, S. 6

gesprochen, es gäbe weder eine Nachfrage, noch ein entsprechende Angebot.[20] Dies hängt jedoch sicherlich auch damit zusammen, dass wechselwillige Gaskunden eine sogenannte Leistungsmessung vornehmen lassen müssen. Dabei wird stündlich gemessen, wie viel Erdgas vom Kunden abgenommen wird und dementsprechend wieder vom Anbieter in das Fremd-Netz eingespeist werden muss. Diese Messung kostet sowohl jährlich, als auch in der Anschaffung des dauerhaft eingebauten Geräts, viel Geld. Für Industriekunden kann sich dies lohnen; ein Privathaushalt kann jedoch nach Expertenansicht kaum soviel einsparen.[21] Um diesen Schwierigkeit zu entgehen, werden Näherungswerte, sogenannte Lastprofile, zu Rate gezogen. Diese geben einen guten Überblick, welche Haushaltform üblicherweise welche Erdgasnutzung hat. Damit sind die Voraussetzungen für Privathaushalte sogar besser, als für kleine Gewerbe. Da hierfür weder Lastprofile vorhanden sind, noch die Kosten der Leistungsmessung realistischerweise eingespart werden können, bleibt keine Wechselmöglichkeit.

Eine weitere Möglichkeit wäre der Eigenbezug. Die BASF AG musste diesen Weg, mangels konkurrenzfähiger Angebote, zur Sicherung ihrer Konkurrenzfähigkeit und ihres deutschen Standorts Ludwigshafen (Hauptsitz) gehen. Dazu wurde das Tochterunternehmen WINGAS AG gegründet. Dieses beliefert mittlerweile nicht nur den Mutterkonzern, sondern auch weitere Abnehmer. Allgemein kann gesagt werden, dass nur sehr große Volumen die Möglichkeit des Eigenbezugs bieten. So ist die BASF AG z.B. Europas größter einzelner Erdgasverbraucher.[22]

3.   Zusammenfassung und Fazit

In dieser schriftlichen Ausarbeitung habe ich versucht, aktuelle Herausforderungen des deutschen Gasmarkts schlüssig darzustellen. Ich bin dabei auf Erdgas als Gut, die Ölpreisbindung und den Unterschied zwischen Strom- und Erdgasmarkt eingegangen. Des weiteren habe ich den Weg zur VV Gas II nachgezeichnet sowie den Stand der Liberalisierung beschrieben. Und im letzten Teil bin ich auf die Durchleitung in fremde Netze und Strategien der Unternehmen eingegangen.

Zusammenfassend kann gesagt werden, dass sich, u.U. auch bedingt durch die VV Gas II, die Marktstruktur des deutschen Gasmarktes verändert. So schließen

---

[20] o.V.: Wechsel des Gasanbieters scheitert am fehlenden Markt, in: Frankfurter Allgemeine Ztg., vom 14.05.2002, Nr. 110, S. 16
[21] Ebenda.
[22] o.V.: Deutsche Gaswirtschaft – Das Ende der Freiheit?, in: Energie-Informationsdienst, vom 22.04.2002, Nr. 17, S. 6

sich momentan kleinere Anbieter zusammen (Nutzung von Synergieeffekten) bzw. es werden Stadtwerke durch große 'Spieler' übernommen (dauerhafter Zugang zum Endkunden). Des weiteren kommt es in der vierstufigen Verteilstruktur ebenfalls zu Konzentrationen. Ergänzend dazu wird von vielen Anbietern versucht, durch schlankere Strukturen (lean) wettbewerbsfähiger zu werden.

Bei der Ausarbeitung ist mir allerdings auch aufgefallen, dass die ergriffenen Maßnahmen, also völlige Liberalisierung, freiwillige Selbstregulierung und VV Gas II wohl nur bedingt Wirkung zu zeigen. So gibt es im Erdgasmarkt allenfalls auf der Import- und Großhandelsstufe Wettbewerb. Der Verbraucher spürt hingegen noch wenig von der Marktöffnung. Dies hängt möglicherweise auch mit dem dazu nur mäßigen Willen der EVU zusammen. Es bleibt abzuwarten, welche Auswirkungen das Inkrafttreten der VV Gas II am 01. Oktober 2002 hat. Auch bleibt abzuwarten, ob sich die Forderung nach Trennung von Erzeugung, Netz und Vertrieb durchsetzen kann. Wegen möglichen Quersubventionen und Interessenkonflikten hegt hier ja insbesondere das Bundeskartellamt Bedenken.

Dennoch: Die Bundesregierung scheint mit einem starken nationalen Duopol – bei gleichzeitiger internationaler Konkurrenzfähigkeit - gut zurecht zu kommen. Sichert sich Deutschland damit doch langfristig den Zugang zu einem für uns aus vielerlei Hinsicht immer wichtiger werdenden Rohstoff.

Anhang

Quellenverzeichnis

Bein, H.-W. (2002): Themen der Woche – E.ON und ein Anfang, in: Süddeutsche Zeitung, vom 06./07.07.2002

Brychcy, U. / Hoffmann, A. (2002): Streit um Ruhrgas-Übernahme - Grüne kritisieren Ministererlaubnis, in: Süddeutsche Zeitung, vom 06./07.07.2002

Gassmann, M. (2002): Hellwig plädiert für Regulier bei Strom- und Gasnetz, in: Financial Times Deutschland, vom 10.06.2002

Pritzsche, K. / Klauer, S. (2002): Eine Chance für alle – Netzzugang und Unbundling auf den europäischen Energiemärkten, in: Frankfurter Allgemeine Zeitung, vom 28.05.2002

Scholle, M. (2002): Klärungsbedarf – Mehr Markt – weniger Staat, in: Frankfurter Allgemeine Zeitung, vom 28.05.2002

Hammerstein, C.v. (2002): Energiewirtschaftsrecht missachtet Verfassung und Europarecht, in: Frankfurter Allgemeine Zeitung, vom 25.05.2002

o.V. (2002): Der Wechsel des Gasanbieters scheitert am fehlenden Markt, in: Frankfurter Allgemeine Zeitung, vom 14.05.2002

o.V. (2002): Neue Regeln erleichtern Zugang zu fremden Gasleitungen, in: Frankfurter Allgemeine Zeitung, vom 04.05.2002

Kramer, W. (2002): Liberalisierung des Gasmarktes im letzten Moment, in: Süddeutsche Zeitung, vom 03.05.2002

Marschall, B. / Gassmann, M. / Kramer, W. (2002): Vereinbarung für Gas erhält Gesetzesrang – Wirtschaft unterzeichnet heute 80-Seiten-Vertrag, in: Financial Times Deutschland, vom 03.05.2002

o.V. (2002): Öffnung des Gasmarktes rückt näher, in: Financial Times Deutschland, vom 03.05.2002

o.V. (2002): Wettbewerb bei Gas, in: Bundesministerium für Wirtschaft und Technologie – Homepage, Pressemitteilung vom 03.05.2002

o.V. (2002): Von Oktober an mehr Gas-Wettbewerb, in: Frankfurter Allgemeine Zeitung, vom 30.04.2002

o.V. (2002): Verbändevereinbarung Gas gilt nur für ein Jahr, in: Financial Times Deutschland, vom 29.04.2002

o.V. (2002): Gasbranche öffnet sich dem Wettbewerb, in: Financial Times Deutschland, vom 28.04.2002

o.V. (2002): Die Privatkunden haben das Nachsehen – Der lange Weg zum EU-Binnenmarkt für Energie, in: Frankfurter Allgemeine Zeitung, vom 25.04.2002

o.V. (2002): Liberalisierung in der EU noch sehr unterschiedlich, in: Frankfurter Allgemeine Zeitung, vom 25.04.2002

o.V. (2002): Vier Jahre Energiemarktliberalisierung in Deutschland, in: Frankfurter Allgemeine Zeitung, vom 25.04.2002

o.V. (2002): Deutsche Gaswirtschaft – Das Ende der Freiheit?, in: Energie-Informationsdienst, vom 22.04.2002

o.V. (2002): Struktur des deutschen Gasmarktes 2000, in: Energie-Informationsdienst, vom 22.04.2002

o.V. (2002): Ein Regulier soll die Gasmarktliberalisierung vorantreiben, in: Frankfurter Allgemeine Zeitung, vom 16.04.2002

o.V. (2002): Gasbranche blockiert Wettbewerb, in: Financial Times Deutschland, vom 16.04.2002

Wetzel, D. (2002): Gasmarkt-Öffnung droht zu scheitern, in: Die Welt, vom 13.04.2002

o.V. (2002): Prodi droht mit Zwangsliberalisierung bei Strom und Gas, in: Handelsblatt, vom 17.01.2002

Scholle, M. (2002): Kein regulierter Netzzugang durch die Hintertür – Kartellbehörden besitzen volle Handlungsmacht, in: Handelsblatt, vom 09.01.2002

Preuß, O. (2001): Tops + Flops 2002: Die Energieriesen werden immer größer, in: Financial Times Deutschland, vom 27.12.2001

o.V. (2001): Liberalisierung des deutschen Gasmarktes – Erweiterte Verbändevereinbarung, in: Neue Züricher Zeitung, vom 22.09.2001

Schneider, E. / Schürmann, H.-J. (2001): Schon 2005 vollständige Liberalisierung von Strom und Gas in Europa, in: Handelsblatt, vom 17.01.2001

o.V. (o.J.): Erdgas: Was ist das und wo kommt es her?, in: Homepage der HK Würzburg – www.wuerzburg.ihk.de/druckdokumente/energie/

o.V. (o.J.): Was sollte man zur Durchleitung von Gas wissen?, in: Homepage der IHK Würzburg – www.wuerzburg.ihk.de/druckdokumente/energie/

o.V. (o.J.): Was sind die Unterschiede zwischen Strom- und Gasmarkt?, in: Homepage der IHK Würzburg – www.wuerzburg.ihk.de/druckdokumente/energie/

o.V. (o.J.): Woher kommt die Ölpreisbindung des Gases?, in: Homepage der IHK Würzburg – www.wuerzburg.ihk.de/druckdokumente/energie/

Weitere nicht integrierte Anlagen - Siehe folgende Seiten

- Präsentationsunterlagen der Präsentation am 02. Juli 2002 in der HWP